LES DROITS

DE

LA FRANCE NOUVELLE.

PAR

M. THÉOPHILE DE GOHIN.

PRIX : 1 fr. 50 c.

PARIS.
IMPRIMERIE DE J. TASTU,
RUE DE VAUGIRARD, N° 36.

1824.

LES DROITS

DE

LA FRANCE NOUVELLE.

LES DROITS

DE

LA FRANCE NOUVELLE.

PAR

M. THÉOPHILE DE GOHIN.

PRIX : 1 fr. 50 c.

PARIS.
IMPRIMERIE DE J. TASTU,
RUE DE VAUGIRARD, N° 36.

1824.

AVERTISSEMENT.

Cette brochure aurait dû paraître au commencement du mois d'août. Mille obstacles, nés du système ministériel, en ont reculé jusqu'ici la publication. L'explication de tout ceci se trouve dans le passage du dernier écrit politique de M. Sarran, passage que je transcrirai ici parce qu'il contient des vérités qui ne sauraient être trop répétées.

On profite, dit-il, avec trop de fondement; on profite de la plus mince occasion et du prétexte le plus fertile pour ôter au libraire sa licence, à l'imprimeur son brevet: le libraire, et surtout l'imprimeur, frappés de la crainte d'une disgrâce qui peut leur enlever leur état, le pain de leur famille, ne se chargent qu'en tremblant, et souvent ne veulent point du tout se charger de la vente ni de l'impression des ouvrages, même les plus licites et les plus honorables, qui s'attaquent à l'administration.

Les Français ont le droit de publier et de faire imprimer leurs opinions; mais ce droit n'est-il pas illusoire, si celui qui imprime et celui qui vend les écrits renfermant les opinions, sont contraints, par la peur de l'arbitraire, à refuser d'imprimer et de vendre? Admettre que le libraire et l'imprimeur peuvent être légèrement privés de leur état, n'est-ce pas ôter au droit de la liberté de la presse tout moyen d'être exercé? n'est-ce pas détruire réellement la liberté de la presse? Si l'on veut que cette liberté soit réelle, il faut nécessairement admettre que l'imprimeur et le libraire, une fois brévetés, doivent être aussi libres, aussi protégés dans l'action d'imprimer, et dans celle de vendre un écrit, que tout Français est constitutionnellement libre et protégé dans l'action de publier et de faire imprimer ses opinions.

Voilà la peinture fidèle de l'état de la presse. Libraires ou imprimeurs gémissent tous sous une main de fer, et nous devons convenir ici qu'il y a quelque chose de bien noble, de bien digne, du suffrage public, dans ceux d'entr'eux qui osent la braver.

LES DROITS

DE

LA FRANCE NOUVELLE.

> Neque enim est hoc dissimulandum, quod obscurari non potest : sed præ nobis ferendum ; trahimur omnes laudis studio, et optimus quisquis maximè gloriâ ducitur.
>
> CICERO.

QUELQUES-UNES des opinions, que je me propose de développer ici, pourront paraître dangereuses aux esprits superficiels et trop prompts à rejeter ce qu'ils ne comprennent pas; mais je puis affirmer que ceux, qui voudront bien ne pas précipiter leur jugement, n'y verront que l'expression simple et franche des principes fondamentaux de toute société libre. J'ai l'intime conviction de la bonté de ma cause; cependant je ne me flatte point qu'elle paraisse juste à tous les yeux. Quand les hommes ne sont pas dominés par l'esprit d'innovation, ils ne voient le bien que dans les institutions qui ont pour elles la sanction du temps ; ils confondent la réforme avec la sédition, et toute nouveauté leur paraît dangereuse. Comme on suppose toujours que le législateur a été déterminé par les motifs les plus graves, et que sa décision est le fruit d'un examen approfondi, ce qu'il a une fois condamné, bien qu'à tort peut-être, demeure sous le poids d'une prévention qu'il est toujours difficile de détruire.

Ces obstacles, bien qu'imposans, ne sont point faits pour me décourager. La bonne foi et la vérité triomphent de tout quand elles s'adressent à un peuple éclairé.

Le point de droit politique que nous voulons remettre en question, a été jugé par la Charte; mais quelques mots suffiront pour faire sentir combien la déférence que l'on doit en général à l'autorité de la chose jugée serait ici déplacée. En effet, si l'on veut se reporter à l'origine de la Charte; si l'on veut se souvenir que son auguste auteur l'a écrite en présence de la révolution la plus extraordinaire qui ait jamais été offerte aux méditations des hommes, au milieu du choc de toutes les armées de l'Europe, au bruit de la chute de tant d'empires qui s'écroulaient à la fois, dans un moment où tout semblait remis en problême, où toutes les nations paraissaient confondues, où les passions mugissaient avec violence, où tous les esprits enfin étaient comme accablés sous le poids de tant d'événemens inouis ; on concevra facilement que quelques questions de détail aient échappé à sa profonde sagacité, que sa vue perçante n'ait pas bien discerné des objets qu'un voile épais dérobait à tous les yeux, et qu'enfin sa haute sagesse ait préféré rester à quelque distance en arrière du but, lorsqu'il était sans danger de demeurer au deçà, et qu'on ne pouvait le dépasser sans s'exposer aux plus grands périls.

Ces faits bien compris, on conviendra, sans peine, que quelques articles de la Charte ont besoin d'être révisés et modifiés, et que cette Charte, inviolable en elle-même et dans ses dispositions générales, peut subir des améliorations dans ses détails. C'est un édifice debout, élevé sur des fondémens inébranlables par la main d'un architecte habile, mais qui, pour atteindre à sa perfection, attend que le ciseau du sculpteur vienne toucher légèrement sa superficie. Qu'on ne craigne pas que le grand nombre de corrections que l'on fait subir à cette loi fondamentale ne nuise au respect qu'elle doit inspirer, que cette tendance à la réforme ne nous conduise trop loin, et qu'enfin l'ouvrage entier ne tombe sous l'instrument du réformateur. La Charte est notre ancre de salut; nous ne voulons pas la briser ; mais qu'il nous soit permis d'en assurer le cable et d'en retremper les pointes.

Le nombre des articles de la Charte qui appellent des corrections est borné. Au moment de sa publication, ils frappèrent tous les yeux exercés, et les bons esprits les jugèrent dès-lors comme ils les jugent aujourd'hui. Déjà grand nombre des défauts qui déparaient ce chef-d'œuvre politique, ont disparu sous la réforme; et le roi, en la provoquant lui-même, a fait assez connaître combien il était loin de prétendre avoir jugé toutes les questions que l'urgence des conjonctures l'a contraint de trancher.

Cependant, j'ose le dire, la plus choquante de toutes les erreurs qui se sont glissées dans la Charte, celle qui aurait dû en disparaître la première, a été négligée et reste encore à rectifier; je veux parler de celle que renferme l'article 38, qui fait de la représentation nationale le privilége exclusif de la vieillesse, et prive du droit de siéger dans le parlement ceux qui, comme nous le prouverons dans la suite, sont les représentans naturels du principe démocratique.

Si la Charte avait déclaré éligibles les hommes de trente ans (réunissant d'ailleurs les qualités déterminées par les autres statuts), jamais aucune réclamation ne se serait élevée contre cette disposition éminemment sage. Sachant qu'en Angleterre, on peut à vingt ans briguer les dignités parlementaires, qui jamais aurait pensé à trouver un excès de confiance, dans une restriction peut-être injurieuse au caractère français? Cependant, tel est le pouvoir des préventions sur l'opinion des hommes, ce qui aurait paru alors dans les limites du juste et du raisonnable, paraît aujourd'hui en sortir. Toutefois les esprits élevés sont bien au-dessus de ces illusions, et c'est avec eux que nous allons entrer dans la discussion des faits.

La Charte a dépouillé les Français, pendant la plus belle moitié de leur vie, du noble privilége de siéger dans le parlement. Il s'agit de savoir s'ils ne peuvent pas appeler de cette décision rigoureuse. Pour arriver à la solution de cette question, il suffira de discuter en peu de mots les principes sur lesquels repose le gouvernement représentatif.

Il est établi en thèse générale, que les lois ne sont obligatoires qu'autant qu'elles sont l'ouvrage de tous, et de-là dérive pour chaque membre du corps social, le droit de participer à l'œuvre de la législation. Mais, par une nécessité que l'expérience a démontrée, les principes reçus en théorie, subissent des modifications en passant dans la pratique, et celui-ci, comme beaucoup d'autres, a dû être soumis à des restrictions. Néanmoins comme il est de l'intérêt des nations, de la dignité de la législature, de l'honneur du gouvernement, de ne sacrifier les principes qu'à une nécessité impérieuse, urgente et manifeste; comme il y va de la liberté publique, qu'on reconnaisse des bornes à ce droit de limiter, et qu'on ne l'étende qu'avec circonspection, voyons si l'article 38 ne blesse en rien ces maximes primordiales.

L'article 38 établit deux espèces de restrictions du droit de participer à la législation. La première est fondée sur la fortune. Cette disposition a été soumise aux délibérations des chambres, et est, en quelque sorte, hors de discussion. La seconde est fondée sur l'âge, et sur ce point on a évidemment dépassé la ligne tracée par la justice, comme par une politique élevée.

Pour arriver à la démonstration de cette vérité, je commencerai par établir en principe que la force de la nation est la nation même, et que tant que cette force n'aura pas dans le parlement la place qu'elle y doit occuper, la nation ne sera pas représentée.

Je demanderai d'abord où gît la force de la nation? Il est aisé de prévoir que pour éluder cette difficulté ; on me répondra par une distinction subtile, qu'on voudra voir dans l'État deux espèces de force, la force morale et la force matérielle; qu'on aura grand soin de placer la première dans les vieillards, et la seconde dans la jeunesse; qu'enfin, s'appuyant sur ce principe, que dans tout État bien ordonné, la tête doit commander aux membres, la partie où réside la sagesse et la lumière, à la partie où réside la puissance physique; on en conclura que la direction des affaires doit être sans contestation, comme sans partage, dévolue aux anciens.

A cela, je répliquerai que cette distintion est inadmissible; que la force de toute nation est une et compacte; que ce principe a pour lui le témoignage des siècles et de l'histoire; et, bien plus, qu'on ne peut le repousser sans ébranler les fondemens mêmes de notre constitution ; car il est positif que c'est sur lui que repose et tout notre système électoral et toute l'existence de nos assemblées parlementaires, deux institutions qui donnent la vie au gouvernement représentatif. En effet, dans les colléges électoraux, ainsi que dans le sein du parlement, c'est la majorité qui décide. Tel est le vœu de la loi. Mais il peut arriver que cette majorité se compose des plus jeunes têtes de l'assemblée. Dans ce cas, qui peut souvent se reproduire, quel parti doit-on prendre ? Le respect dû à la majorité est-il moins obligatoire ? Ne verra-t-on plus, dans l'expression de son vote, l'opinion de la nation ? Faudra-t-il déférer au sentiment de la minorité ? On ne peut répondre affirmativement à toutes ces questions sans détruire à jamais l'ordre de nos assemblées, sans confondre tous les élémens du gouvernement représentatif, sans appeler sur la nation les troubles et l'anarchie. Il est donc bien démontré que notre constitution n'admet point la distinction qu'on voudrait m'opposer.

L'histoire ne l'admet pas davantage, et

je tire ici mes preuves d'un événement fameux chez les peuples anciens. Il s'agissait de sauver Athènes pressée de toutes parts par les armées gigantesques des Perses. En conséquence d'un décret proposé par Thémistocle, tout ce qui est en état de porter les armes monte sur les vaisseaux ; les femmes, les enfans, les valétudinaires sont jetés sur un rivage ouvert et sans défense, et quelques vieillards sont abandonnés dans la ville aux fureurs de l'ennemi. Maintenant, je le demande, dans cette dispersion de la population d'Athènes, où se trouve la nation ? Il est évident qu'elle est sur la flotte. Et c'est ici qu'à travers tout ce qu'il y a d'horrible dans une mesure que commandaient les plus hauts intérêts de la patrie, on ne peut s'empêcher d'admirer cette profondeur de vues qui distinguait le génie de Thémistocle. En effet, que les vieillards tombent sous la furie du vainqueur, c'est une perte sensible pour l'humanité, mais faible pour l'État ; que le dépôt confié à Trézène, devienne la proie de Xerxès, c'est un malheur qui, bien que grand, peut se réparer ; mais si cette fleur de la république, que portaient les vaisseaux, était venue à périr, tout finissait avec elle. Aussi le grand homme qui conduisit ces événemens, sacrifia-t-il tout pour la conserver, bien persuadé que la sauver, c'était sauver la république.

Règle générale : Veut-on savoir précisément où se trouve l'essence d'une nation? Que l'on examine s'il est une de ses parties dont l'existence soit tellement liée à l'existence générale, qu'elle ne puisse être retranchée du tout sans que le tout périsse. Cette partie trouvée, c'est la nation même. Or je défie qu'on le conteste ; dans une telle recherche l'esprit ne peut s'arrêter que sur la force militaire, sur les générations nouvelles qui la composent presque tout entière. Elles seules réunissent tous les élémens qui constituent une société indépendante, c'est-à-dire la raison qui établit les lois, et la force qui les maintient et les conserve. Que deviendrait un État uniquement peuplé de vieillards? Leur sagesse les préserverait-elle du joug du premier conquérant à qui il plairait de les asservir?

Ainsi c'est un point établi sur le triple fondement et de la théorie et de la constitution et de l'histoire, que la force essentielle de l'État est une et compacte, et qu'elle réside dans les jeunes citoyens. C'est donc avec la conviction la plus scrupuleusement formée que j'affirme que tant que la France nouvelle ne sera pas admise à siéger au parlement, la nation ne sera qu'imparfaitement représentée, et le gouvernement représentatif une illusion.

Sans doute la disposition de la Charte, que je combats ici, a été dictée par une circonspection que justifiaient les circonstances; mais tout est changé aujourd'hui, et il est temps d'examiner si le moment n'est pas venu de reconnaître des droits peut-être trop long-temps contestés. Dans l'ordre civil on n'interdit point un citoyen sans les plus graves motifs; il nous semble qu'on ne peut, sans une inconséquence étrange, prononcer légèrement dans une question où il s'agit de frapper d'interdiction politique la presque universalité d'un peuple.

Je vais parcourir rapidement les difficultés qui pourraient s'élever dans cette grande question; et si je ne les fais pas tomber entièrement, du moins, peut-être, les aurai-je ébranlées.

Prétendrait-on qu'il est impossible que l'on ait acquis, à trente ans, la masse de connaissances nécessaires pour entendre les secrets de la législation? Faible objection : tout député n'est pas tenu d'être un publiciste; et quand cela serait, rien n'oblige à croire qu'on ne puisse lire, comprendre et méditer dans dix ans quelques centaines de volumes qui renferment toute la science politique; mais, je le répète, la science n'est pas absolument exigible dans tout député. Les faits comme les principes le prouvent; et ceci n'est ni une plaisanterie ni un paradoxe. Il est des connaissances pratiques qui ne sont pas moins utiles dans le parlement, que celles que l'on puise dans les livres; il y faut des lumières de différentes natures, et qui ne se trouvent que rarement réunies dans le même individu. C'était à raison de ce besoin que nous avons vu monter à la tribune, après les Périclès et les Démosthène, des charpentiers, des maçons et des matelots.

Il y aurait d'ailleurs de la puérilité à incidenter sur la question d'incapacité dans un moment où tant de membres distingués des deux chambres la résolvent d'une manière si péremptoire. Combien d'entre eux, en effet, dont les talens brillaient du plus beau lustre dès leur début dans la carrière ! combien d'entre eux, encore dans la fleur de l'âge, ont déployé dans nos assemblées politiques une sagesse, un savoir, une hauteur de vues telles, que depuis ils ont eu de la peine à se surpasser !

Je ne crains pas davantage, à cet égard, de résistance de la part de la cour ; elle ne pourrait en faire sur ce point sans condamner toute sa conduite, sans incriminer les actes de plusieurs règnes et de plusieurs siècles. En effet, depuis Richelieu jusqu'à Seignelay, depuis Seignelay jusqu'à nos jours, combien de ministres appelés, dans l'âge qu'on voudrait proscrire, dans des conseils dont la sagesse ou l'impéritie pouvait sauver ou perdre l'État ! Et dans toute l'Europe, aujourd'hui comme dans les siècles passés, combien de commissions diplomatiques, combien de négociations délicates, aux succès desquelles sont attachés les plus hauts intérêts des nations, confiées à de très-jeunes mains, dont l'habileté justifie un pareil choix!

Enfin, passant du monde politique dans le monde littéraire, je demanderai aux savans, aux hommes de goût, aux connaisseurs, s'il n'est pas vrai que dans tous les pays et dans tous les temps, la littérature, les sciences, les arts ont eu des obligations immenses aux premiers âges de la vie; que c'est à de jeunes auteurs, à de jeunes artistes, à de jeunes savans qu'ils ont dû souvent les plus vives lumières; qu'en un mot il n'est point de lice, il n'est point d'arène, il n'est point de carrière où la jeunesse n'ait fait briller ses heureuses facultés. Quel philosophe chrétien n'a pas toujours près de lui le livre de Blaise Pascal? Quel philanthrope ne met pas au rang de ses meilleurs livres les pensées du sage Vauvenargues? Il me faudrait des volumes pour énumérer tous les auteurs dont la postérité admire les talens, en même temps qu'elle déplore leur fin prématurée, et dont on cite les opinions comme les oracles de la sagesse et de la raison.

Et qu'on ne croie pas que notre pays soit déchu de son ancienne gloire ; la France est encore pleine aujourd'hui d'hommes dignes de marcher sur les traces de ceux que nous venons de citer. Et ce sont là les citoyens qu'on refuse d'émanciper ! Et voilà les hommes qu'on voudrait honteusement tenir en tutelle, jusqu'à ce que l'âge ait blanchi leurs cheveux! N'a-t-on pas blessé toutes les convenances et faussé toutes les règles de la justice en reculant la majorité politique des citoyens jusqu'à quarante ans, dans un pays où elle est fixée à quatorze ans pour les rois, et à trente pour les pairs ? Pourquoi ces catégories? sur quoi sont-elles fondées? qui pourrait les justifier? La nature ne les connaît pas; l'opinion les repousse, la justice les condamne. Eh quoi ! l'insensé Charles VI, au sortir de l'adolescence, deviendra l'arbitre des destinées de l'État, et le citoyen le mieux organisé sera conduit à la lisière comme un enfant imbécile ! Un fou couronné gouvernera tout, conduira tout, réglera les affaires de trente millions de sujets ; et l'homme le plus éclairé, le plus sage, le plus prudent ne pourra pas même prétendre à veiller sur ses propres intérêts ! Quelle législation ! quel ordre ! quelle équité ! ou plutôt quel renversement de toutes les idées reçues ! Quelle confusion de tous les principes !

Tout ce qui tend à donner aux lois un caractère de partialité étouffe le respect qu'elles doivent inspirer. J'ai donc lieu de croire que personne ne me contestera qu'il serait convenable, sous tous les rapports, de fixer la majorité politique des citoyens à trente ans, et de faire disparaître ainsi la différence inutile et même dangereuse, que la Constitution a mise entre eux et les titulaires de la pairie ; car je pense que, bien qu'il soit dans l'ordre d'établir des distinctions en faveur des pairs, ce n'est pas sur ce point là. J'interroge donc ceux qui s'obstinent à proroger la maturité de la raison jusqu'à quarante ans ; et je leur demande, si l'homme de cet âge, sur lequel ils viennent de faire tomber leur choix, ne leur en aurait pas paru digne deux ans plutôt?... Ils en rabattent encore cinq, puis trois; enfin ils arrivent jusqu'à trente, et ne peuvent plus se rétracter.

Mais avec ce procédé, il n'y a pas de raison pour que nous n'étendions pas l'éligibilité jusqu'à vingt ans. Non, malgré l'exemple de l'Angleterre, nous ne songeons point à porter des écoliers dans le parlement. Nous pensons que quelques dons que l'on ait reçus de la nature, on ne peut devenir entièrement digne de représenter une nation que par des études, des travaux et des efforts de conduite, qui demandent du temps; et c'est en considération de ces faits, que nous exigeons dix ans de plus pour la candidature. Mais encore, peut-être, nous relâcherions-nous sur ce point, si notre parlement était aussi nombreux que celui de la Grande-Bretagne; persuadé qu'avec notre système électoral, si différent des bourgs pourris, les suffrages qui conféreraient à un âge si faible encore, une des dignités les plus éminentes de l'État, ne pourraient tomber que sur des sujets d'un mérite extraordinaire, et que d'ailleurs il en résulterait parmi la jeunesse une émulation salutaire.

Je le dis sans crainte, la cause de la France moderne est la cause de la nation entière; et, en première ligne, un des plus pressans besoins de la liberté est d'avoir des défenseurs animés du plus ardent patriotisme. Mais où trouvera-t-on le civisme porté à un plus haut degré de chaleur que dans ce printemps de l'âge viril où tout est sève et vigueur? qui pourrait se vanter de tenir à la patrie par des liens plus nombreux que celui qui ne peut séparer son destin de la fortune publique, voit son avenir dans l'avenir de la nation, doit la secourir dans ses calamités, partager son deuil, la défendre dans ses guerres et lui faire un rempart de son corps; que celui qui n'a d'autres espérances que les espérances de son pays, doit prendre sa part de sa prospérité, grandir avec lui, jouir de ses triomphes et briller de sa gloire?

Si donc on n'a point de préventions fondées contre la jeunesse française, pourquoi la frapper d'interdiction? pourquoi fermer à la patrie une source dont elle pourrait tirer de si grands secours? pourquoi paralyser tant de bras qui ne demandent qu'à travailler pour le bien public? pourquoi condamner à une oisiveté honteuse tant de cœurs généreux, tant d'ames ardentes qui brûlent de se signaler par une glorieuse activité? On veut de la sagesse dans les assemblées politiques; mais ces assemblées peuvent, sous tous les rapports, se comparer avec beaucoup de justesse à un homme. Il y faut de la sagesse sans doute, mais il y faut aussi de la vigueur, de l'activité, de la hardiesse, et surtout un généreux enthousiasme de la gloire. Il est trop vrai que l'époque de la maturité de l'esprit, dans l'homme, touche à la décadence universelle de ses forces. Trouvera-t-on dans des hommes glacés par l'âge et appesantis par les ans toute l'activité, toute la puissance d'application qu'exigent les grands travaux politiques? Sans doute le sang-froid et l'expérience des vieillards est d'un grand prix dans les assemblées délibérantes pour calmer l'effervescence, pour tempérer la chaleur des esprits et pour servir de frein à l'impétuosité d'une jeunesse trop bouillante ; mais pour soulever le poids de certaines affaires politiques, pour creuser jusque dans les profondeurs de certaines questions compliquées, pour déterrer des lumières souvent enfouies sous un chaos de doutes, d'incertitudes et d'artifices, il faut une vigueur, il faut des veilles, il faut une contention d'esprit dont la jeunesse seule est capable.

Que dans nos assemblées, donc, on fasse peser sur les jeunes gens la partie la plus onéreuse des travaux politiques ; qu'ils soient chargés d'explorer le labyrinthe des détails, et que toutes les matières, élaborées par eux, soient soumises en dernière analyse à l'examen des vieillards. C'est alors, mais seulement alors que la France recueillerait les fruits du gouvernement représentatif ; c'est alors que les amis de la patrie ne verraient plus avec une douleur profonde le parlement voter les yeux fermés (1), voter

(1) La loi sur l'exercice de 1822 a été votée de cette manière. A peine la discussion était-elle ou-

de confiance ou de lassitude sur des questions que son mandat, l'intérêt de la nation, la liberté, la fidélité, l'honneur, lui faisaient une loi d'approfondir.

On insistera sans doute, et l'on dira que cet intérêt de l'État que nous alléguons, réclame à la tête des affaires des hommes mûrs, et dont la raison soit fortifiée par l'expérience; mais, d'abord, je crois que la maturité n'a rien de commun avec la décrépitude, et qu'il y a bien des hommes de trente ans qui ont plus de droit au titre d'esprits sages et mûrs que beaucoup de vieillards. Comme il est impossible qu'il s'élève de contestation sur ce point, je passerai sur-le-champ à l'article de l'expérience, et je dirai qu'elle ne s'acquiert que par l'habitude des affaires. Est-ce, en effet, dans l'oisiveté à laquelle vous les condamnez, qu'ils pourront la puiser, cette expérience salutaire? Les députés, formés sous les auspices de vos lois, apporteront au parlement, avec leurs

verte quand le président annonça que la liste des orateurs était épuisée. Voter de confiance! La confiance n'est pas constitutionnelle.

quarante ans, toute l'inexpérience que vous redoutez, moins l'ardeur qui pourrait y porter remède, ardeur que la difficulté de réussir dans une carrière où l'on débute trop tard; le défaut d'espace dans l'avenir pour y élever une grande réputation; enfin, l'aspect des bornes de la vie ne peuvent manquer de refroidir et d'éteindre dans la vieillesse. Pourquoi donc fermer la tribune aux hommes au-dessous de quarante ans ? N'est-ce pas l'interdire à une foule d'hommes de mérite (car combien n'atteignent pas cet âge), à une foule d'hommes de mérite, dis-je, dont les talens, l'activité et les lumières auraient pu contribuer puissamment à la prospérité de l'Etat, pour appeler, je ne dis pas à la tribune, mais dans la chambre, une multitude d'hommes qui, bien que doués de qualités éminentes, ne sont pas portés par la nature aux travaux parlementaires.

On sait combien il est difficile à un peuple qui a long-temps vécu sous la tyrannie, de conserver une liberté nouvellement conquise. Cette vieille habitude de ployer devant le pouvoir, qu'il rencontre dans tous ceux qu'il prépose à la garde de ses droits, le met sans cesse en danger de retomber dans la servitude : or, cette situation est précisément la nôtre. Si le gouvernement représentatif doit périr, c'est assurément par la chambre des députés. Ceci posé, tout Français, quel qu'il soit, pair ou ministre, prince ou citoyen, conviendra, s'il est sincèrement attaché aux institutions qui nous gouvernent, qu'il est de la plus grande urgence de donner à cette branche du pouvoir législatif toute la vigueur et toute la sève qui appartient à sa nature.

Actuellement, je l'avance avec toute confiance, si l'on persiste à exclure la jeunesse du parlement, la machine représentative ne marchera pas et demeurera incomplète, parce qu'elle sera privée d'un de ses principaux ressorts. On l'a déjà dit, il faut des hommes nouveaux pour des institutions nouvelles. Si l'on confie le sort des lois à ceux dont elles froissent toutes les passions, elles seront renversées le lendemain de leur établissement. On sait combien il est difficile de se dépouiller des erreurs dans lesquelles on a vieilli. Ce serait trop exiger de la faiblesse humaine que d'attendre de certains hommes qu'ils soutiennent avec chaleur des institutions fondées sur des principes qu'ils ont passé une partie de leur vie à combattre, et qu'ils ont hautement condamnés; ils sont engagés d'amour-propre à les desservir, à les discréditer aux yeux de l'Europe. Sans doute il en est beaucoup d'entre eux qui ont assez d'élévation dans l'esprit, assez de grandeur d'ame pour suivre une marche toute contraire; mais attendre d'eux ce haut effort de patriotisme, c'est mettre leur générosité à une épreuve beaucoup trop dangereuse pour la liberté. Confions donc la défense de ses principes aux hommes de la génération nouvelle, qui pour la plupart, nés dans son sein, lui portent un amour sincère et un respect filial.

Qu'on n'allègue point les anciennes républiques, où les vieillards avaient seuls le privilége de composer le sénat; ces corps politiques étaient destinés à modérer la fougue de l'assemblée populaire, et à servir de digue à ses flots tumultueux; et leur rôle, dans notre système social, est le partage de la chambre des pairs. Mais la chambre des députés, tenant spécialement la place de la démocratie, doit avoir toutes ses qualités, en même temps qu'elle nous préserve de ses inconvéniens. Ainsi exempte des emportemens de la démocratie, elle doit porter une noble chaleur dans les débats politiques; exempte de sa haine aveugle pour le pouvoir, elle doit se montrer constamment animée d'un ardent esprit d'opposition; enfin, au lieu de sa soif insatiable de licence, elle doit faire éclater partout un généreux enthousiasme de la liberté. Or, tous ces principes de vie ne se trouvent guère que dans la jeunesse, qui d'ailleurs, dans tous les temps, a dominé dans la démocratie, et vouloir se soustraire à ces inductions, c'est créer deux chambres aristocratiques; c'est supprimer l'élément populaire; c'est détruire l'harmonie et l'équilibre des pouvoirs, c'est renverser le système représentatif.

Et ici je ne donne rien au hasard, ni à la passion. On a vu dans l'antiquité des milliers de républiques, mortes sous la main de la tyrannie, rendues à la vie de la liberté par le dévouement de leurs jeunes citoyens, tandis que toute l'histoire offre à peine un ou deux exemples d'événemens semblables, dont la vieillesse puisse s'enorgueillir. Il est donc bien démontré que c'est dans les premiers âges de la vie, que la vertu politique est portée à son plus haut période. Montagne le pensait ainsi : ce génie colossal, qui chez nous ouvrit la carrière de la philosophie, et qui, dès le premier pas, en atteignit les bornes, affirme dans les termes les plus formels, les plus tranchans, qu'il n'appartient qu'à la fleur de l'âge de s'élever aux derniers efforts de l'héroïsme. Mais cet enthousiasme de la gloire, cette abnégation de soi-même, ce courage sublime qui anime les Harmodius, les Pélopidas, les Cléomènes et les Agis, quand ils bravent mille morts pour l'affranchissement de leur patrie, ou cimentent de leur sang les lois rétablies par leur dévouement; ces vertus célestes, dis-je, dont le germe vit dans tous les jeunes cœurs, sont autant de trésors qui appartiennent à la patrie, et que la nature a préparés pour elle

De quel droit un législateur aveugle enfouira-t-il ces trésors? De quel droit lui défendra-t-il de s'en servir pour sa gloire et l'accroissement de sa prospérité? De quel droit un gouvernement machiavélique viendra-t-il lui dire : « Regarde ces beaux arbres que le ciel a fait croître pour toi; leurs vigoureux rameaux et leur vaste feuillage sont ton asile naturel contre l'orage et contre les feux du jour. Je te défends d'aller chercher le repos sous leur ombre. Vois, d'un autre côté, ces souches antiques que le temps a presque réduites à leur tronc. C'est à leur pied que tu dois aller chercher un abri contre les fureurs de la nue. Elles sont incapables de t'en garantir; mais que m'importe? telle est ma volonté. » Si un pâtre tenait ce langage à son troupeau, il pourrait espérer d'en être obéi; mais un gouvernement qui l'adresse à des hommes, doit s'attendre à un autre dénouement.

Toutes les vérités que je viens de consigner ici sont si rayonnantes d'évidence, et ont si peu besoin de confirmation, que je crois devoir écarter les preuves qui se présentent en foule à l'appui de mes opinions. Qu'il me soit permis cependant, d'invoquer encore en faveur de ma cause, le nom sacré de la morale. Car nous savons tous, ou nous devrions savoir que sans mœurs il n'y a point de liberté. Que les Français, par une vanité misérable, repoussent la morale; que, dignes héritiers de la corruption du dernier siècle, ils établissent en principe que l'immoralité ne dépare point un homme, et que la vertu est un hochet ridicule; qu'ils portent ces sentimens dans les colléges électoraux, et bientôt leur parlement ne sera plus qu'un marché où les ministres achèteront les consciences avec les épargnes du peuple, et où des députés avides ne tarderont pas à vendre la nation entière et à la jeter sous un joug d'autant plus pesant qu'elle l'aura fabriqué de ses propres mains.

Que l'on souffre donc que je parle de morale. Une vérité est aujourd'hui universellement reconnue par les hommes éclairés de toutes les classes et de toutes les parties de l'Europe. Elle porte que les bonnes ou les mauvaises qualités des peuples, leurs vices ou leurs vertus, sont l'ouvrage ou le crime de leurs lois. C'est cette vérité qui fait ici toute ma force, c'est sur elle que je m'appuie, c'est elle qui soutient ma conscience. Quel homme donc, doué de quelque noblesse d'ame, oserait, sans rougir, s'élever contre la cause que je défends, s'il est incontestable que cette cause est en effet celle de la morale, de la vertu, de la dignité humaine, si je démontre qu'au triomphe ou à la chute des principes que je soutiens sont attachés la pureté ou l'avilissement des mœurs?

Et d'abord (vérité triviale, mais qu'il est indispensable de relater ici), tout le monde sait que l'oisiveté est la source la plus féconde des vices qui déshonorent la société. Il serait donc à désirer, dans les données de notre civilisation moderne, que l'influence de la loi portât, dans toutes les classes, une généreuse activité. Mais comment contraindre au travail, l'opulence si avide de jouir de ses avantages, et si jalouse de son indépendance? Qui voudrait se soumettre à une législation, qui porterait un œil tyrannique jusque dans le secret de l'asile domestique, et persécuterait les citoyens jusque dans leurs plus légitimes loisirs ? Quelles lois, d'ailleurs, quels réglemens, quels statuts, pourraient donner prise, sur ce qu'il y a de plus indépendant, de plus essentiellement libre, de plus indocile dans l'homme, en un mot, sur la volonté ? Il est aisé de lever cette difficulté. Quand le cœur de l'homme commence à s'ouvrir aux passions, son ame attirée à la fois par mille affections divergentes, hésite, chancelle long-temps entre tant de mouvemens opposés. On peut dire que c'est là le moment du législateur. C'est alors qu'il doit, d'une main hardie, au milieu de ce désordre et de cette lutte, soulever l'orgueil, et en assurer le triomphe sur tous ses rivaux. Mais, dira-t-on, l'orgueil est un vice. Je réponds que l'orgueil est une passion salutaire, que le ciel semble avoir mise en nous, pour servir de siége à la vertu. C'est cet orgueil, qui nous porte sans cesse à nous élever au-dessus de nos semblables, qui nous inspire la crainte du mépris, l'horreur de la honte, et allumant en nous une soif insatiable d'approbation, nous entraîne et nous place, pour ainsi dire, malgré nous, dans les chemins de la vertu. Si donc le législateur connaît, apprécie et sait manier ce mobile, sa tâche est désormais facile. Il lui suffit de fixer la jeunesse sous son empire, de l'affermir dans cette heureuse situation, par les liens de l'espérance, et de seconder le mouvement qui la porte vers le bien public, en lui montrant la carrière des honneurs onverte devant elle.

Mais peut-être ne voudra-t-on voir ici que l'ouvrage de cet esprit systématique, qui, envisageant l'univers avec des yeux prévenus, dénature tout pour soumettre tout à ses idées, qui, résolu à plier toutes choses à ses principes, peint des êtres fantastiques et non les hommes tels qu'ils sont. Le moyen, dira-t-on, d'engager celui qui, nourri dans le faste et la mollesse, s'est, de bonne heure, accoutumé à mépriser le travail et l'étude ; celui qui, jeune, beau, bien fait, spirituel, pourvu de tous les avantages, doué de toutes les qualités qui frayent les routes du plaisir, à fuir ses sentiers délicieux pour se jeter dans une carrière pénible et laborieuse? La difficulté n'est pas aussi grande qu'on l'imagine. Si les fruits qu'il peut cueillir dans cette carrière ne se montrent à lui qu'à travers les nuages d'un avenir éloigné et plein d'incertitude, s'il lui faut mériter, par vingt ans de travaux épineux, une gloire douteuse, qu'une intrigue, une calomnie, ou une mort prématurée, peuvent lui ravir, il sentira son courage vaincu tomber faute d'appui, et, s'élançant dans les bras de la volupté, il sera perdu pour la gloire, pour la vertu, pour la patrie. Mais si, dans le moment même où l'âge le place au rang des hommes, il voit près de lui la carrière des honneurs préparée pour les élus de l'estime publique; s'il sait que par une loi heureuse il dépend de ses efforts, de sa conduite, de sa volonté enfin, d'y être admis; s'il sait que l'espace qui le sépare encore du jour où il pourra se présenter au concours, lui laisse strictement le temps de se préparer à y entrer dignement, quel véhicule pour l'étude! quel auxiliaire pour la morale! quel frein pour le vice! Mais s'ils étaient encore insuffisans, voyez-le sortir tout-à-coup de son ivresse, au nom d'un de ses émules; voyez-le pâlir en écoutant son éloge. Il a fait un heureux retour sur lui-même; il a ramené sur lui des regards humiliés; il a rougi de son oisiveté; son ame s'est ouverte tout entière à la crainte de se voir devancer dans la lice par ses rivaux. Qu'on ne s'y trompe pas! Ces mouvemens n'ont rien d'alarmant pour la morale; qu'on se garde de voir ici l'envie! C'est le réveil de la vertu.

Je sais que l'on a beaucoup déclamé contre l'émulation; que mille bouches ont calomnié l'ambition; que l'on a signalé l'une et l'autre comme des passions désastreuses, comme les fléaux de la société. Si ceux qui sont tombés dans cette erreur, ne s'étaient pas crus au-dessus de l'expérience des siècles, ou peut-être, s'ils ne s'étaient pas vendus à des puissances intéressées à l'abâtardissement de l'espèce humaine, ils auraient évité cette méprise grossière. Les institutions de Rome et de la Grèce ont produit une foule si prodigieuse de grands talens, de grandes vertus, soit dans les lettres, soit dans l'ordre civil, soit dans la paix, soit dans la guerre, que je suis convaincu qu'il n'y a que la mauvaise foi qui puisse se refuser à convenir que les anciens sont nos maîtres dans l'art de former des hommes. Si les détracteurs des affections nobles dont je fais ici l'apologie, avaient lu et compris l'histoire, ils auraient vu que ce peuple qui a présenté au monde le modèle de la force et de toutes les vertus civiles, connaissait si bien le fruit que l'État peut tirer du conflit des ambitions rivales; que ses lois étaient calculées de manière qu'il dépendît du jeune citoyen de hâter ou de retarder le moment où il pourrait s'asseoir sur la chaise curule; que Rome enfin, dans tous les temps, accorda toutes les dignités de la république sans aucune distinction d'âge, non au plus vieux, mais au plus digne. Ils auraient vu que le modèle de tous les législateurs, le premier homme dans l'art d'organiser les peuples, le plus profond de tous les politiques, Lycurgue enfin, demanda après une longue suspension le rétablissement des jeux olympiques, ce foyer d'où le feu de l'ambition se répandait par torrens dans toute la Grèce.

On aurait tort de se plaindre ici de l'abus des citations : quand tous les principes de l'ordre social sont remis en question, il faut bien remonter aux sources de la vérité; quand un homme obscur se propose de lutter seul contre le débordement d'erreurs qui menace d'engloutir toutes nos libertés, s'il veut que ses paroles fassent impression, que ses efforts ne soient pas infructueux, il faut bien qu'il s'entoure de tout ce qui peut étayer sa faiblesse, qu'il appelle à son secours les témoignages du passé, qu'il invoque à son appui des autorités capables de commander la confiance des hommes, et dont l'éclat impose silence à ses adversaires.

Qu'il me soit donc permis d'arrêter un moment les regards sur ces jeux célèbres, si dignes à tant d'égards de fixer l'attention des hommes d'État. Ce qu'il importe surtout de faire sentir, ce sont les ressources immenses, les avantages sans nombre qu'une politique droite, noble et généreuse peut tirer de ces concours ouverts à la multitude, pour la prospérité des États, pour les progrès de la morale, et pour le perfectionnement de l'espèce humaine. Il est vrai que les palmes olympiques ne pouvaient décorer qu'un petit nombre de fronts; mais, et c'est sur ceci que j'insiste, l'espoir de les obtenir peuplait la Grèce d'hommes agiles, robustes, vertueux, qui en faisaient la force dans la guerre, l'ornement dans la paix, la sauvegarde dans les dissensions civiles, la gloire dans tous les temps. En second lieu, si l'on veut se souvenir de la terreur qu'inspirait à tant de milliers d'hommes cette voix formidable qui s'élevait dans le silence universel de l'assemblée, pour repousser un concurrent indigne; si l'on veut se souvenir de l'énergie que donnait aux penchans vertueux, la crainte d'encourir une pareille flétrissure sous les yeux de tant de nations assemblées, on comprendra enfin comment les lois font les mœurs. Je n'ajoute qu'un mot. On use sobrement dans nos gouvernemens d'Europe des vérités fondamentales du bonheur des peuples. En France, par exemple, on a ouvert des concours à tous les travaux de l'intelligence humaine. Tous les beaux-arts, les arts frivoles, les arts de la main ont une arène où ils peuvent signaler leurs efforts et disputer le prix ; quelque carrière que parcoure un jeune homme, il est sûr de trouver une lice où il puisse déployer son talent et briguer la gloire. Le Louvre distribue des distinctions à la peinture, à la sculpture, à l'industrie, au commerce ; cinquante académies décernent des couronnes à la science, à la poésie, à l'éloquence : pourrait-on savoir pourquoi l'on n'a point encore songé à ouvrir dans les colléges électoraux, un digne concours à la jeunesse vertueuse ? Pourrait-on savoir par quelle inconcevable combinaison, au milieu de cette active sollicitude, la vertu seule, condamnée à l'obscurité, reléguée à l'écart, languit oubliée ?

Plus les peuples sont abâtardis, plus les gouvernemens sont forts. Je le sais, on redoute une ambition généreuse. Mais si cette noble affection a droit d'effaroucher un despote ombrageux, ne sait-on pas qu'elle est le salut des peuples, et l'égide des libertés publiques ? (Il n'est pas besoin de dire que je parle ici d'une ambition réglée.) Ne sait-on pas que c'est elle qui nous soutient sur le terrain glissant des passions honteuses; qui nous donne la force de repousser les assauts du vice, de fuir les piéges de la séduction, de vaincre la mollesse, et de fermer notre ame aux impressions de la volupté; que c'est elle qui endurcit notre corps, l'élève au-dessus de toutes les fatigues, et soutient notre faiblesse dans les travaux les plus pénibles; que c'est elle qui nous fait trouver doux de nous immoler à la chose publique, de sacrifier au salut commun notre repos, notre santé, notre fortune, et jusqu'à la dernière goutte de notre sang; que c'est enfin à elle seule qu'il appartient de placer l'homme au-dessus de toutes les faiblesses, de le porter à tout ce qu'il y a de grand, de noble, d'utile, et de faire en un mot les héros et les grands citoyens?

Que l'on se garde d'accuser l'ambition des excès auxquels se livrent quelquefois des ambitieux. Ce serait prendre l'accident pour la cause. Dès que l'homme jaloux d'honneurs dévie aux principes du juste, il soulève contre lui l'opinion, il marche à grands pas vers sa chute. L'ambition ne peut lui conseiller cela; c'est l'effet de l'affaiblissement de son esprit.

Je conclus donc hardiment qu'il est d'un despotisme aveugle de chercher à étouffer l'ambition, mais qu'il est d'une sage législation de songer à l'employer. Je l'affirme, dis-je, avec assurance, parce que je trouve dans cette maxime tous les caractères qui distinguent l'évidence. En effet, qu'on observe la marche des lumières depuis la naissance de l'esprit philosophique jusqu'à nos jours : tandis que la raison s'égare dans des détours obscurs, et prend de fausses lueurs pour la lumière qu'elle cherche, tandis que les doctrines succèdent aux doctrines, que les théories renversent les théories, que les systèmes nouveaux s'élèvent sur les débris des systèmes détruits, qu'enfin les écoles, soulevées contre les écoles, se débattent dans un océan d'erreurs, de fausses hypothèses, d'inconséquences et de contradictions, une vérité seule, celle que j'invoque, passe intacte à travers tant de siècles et tant d'orages, sort triomphante de ce naufrage universel des aberrations idéologiques, et demeure, comme l'arche du déluge, pour devenir le principe vital, le fondement, la pierre première de toute société humaine (1).

Actuellement je le demande à tous ceux qui ont médité sur ce que l'école appelle le libre arbitre, à tous ceux qui ont étudié les lois qui gouvernent les mouvemens de notre ame : tous savent que souvent un atôme moral brise les liens qui retenaient la volonté. De quel poids ne serait donc pas dans la balance de nos penchans, un système entier de législation, dont tous les efforts tendraient à affaiblir les mobiles du vice, et à fortifier les ressorts de la vertu? Voilà les faits; je les livre à ceux qui ont l'initiative des lois. Le bonheur des familles, des nations, le sort de l'Europe, de l'univers peut-être, dépend d'un seul de leurs mouvemens; les peuples sont devant eux, la puissance est dans leurs mains; qu'ils agissent ou n'agissent pas, ils seront jugés! (2)

(1) Voyez la note finale.

(2) On sait qu'aux termes de la Charte l'initiative des lois est une partie de la prérogative royale; mais

J'arrive au point le plus délicat de la discussion, je veux dire aux alarmes du gouvernement. Mais d'abord, que craint-on? Un Cromwell, un Napoléon, un César; mais, dans ce cas, il faut remarquer que Comwell n'a saisi le sceptre de l'Angleterre que parce que le peuple était écrasé par le trône; que Napoléon n'a usurpé le pouvoir que parce que le peuple avait été foulé aux pieds; que César enfin n'a renversé l'ordre établi dans son pays que parce que le peuple était corrompu; et dès-lors, pour rassurer les chefs de l'Etat, je leur dirai : Gouvernez selon les lois, selon l'opinion, et faites fleurir les bonnes mœurs.

Dira-t-on qu'entasser dans le parlement tant d'esprits ardens, tant de têtes volcaniques, c'est rappeler sur la France les malheurs dont à peine encore elle commence à respirer; qu'agité par tant de passions tumultueuses, embrasé par tant d'élémens enflammés, il ne tardera pas à éprouver des commotions dont le contre-coup ébranlera la

on ne sait pas moins que, de fait, ce sont les ministres qui l'exploitent.

masse entière de la population ; que bientôt, du haut de la tribune, de nouveaux Mirabeau, de nouveaux Barnave, de nouveaux Duport souffleront sur la nation les tempêtes populaires. Eh! qui ne sait qu'un nuage grossi outre mesure, venant à s'appesantir sur l'atmosphère, l'air paisible se dérobant au fardeau qui l'opprime, se transforme aussitôt en ouragan furieux? que le pouvoir soit léger; qu'il ne s'appesantisse point sur le peuple, et il n'y aura point de tempêtes, et tout restera calme. D'ailleurs on se rassurera facilement à cet égard, si l'on veut considérer que dans notre constitution les orateurs ne peuvent jamais s'adresser directement à la multitude; que leur voix ne pouvant lui parvenir qu'en passant par de nombreux intermédiaires, que dépouillée du charme de l'accent, du geste, du regard, perd toute la magie de sa puissance; et que si, contre toute apparence, elle conservait encore quelque empire sur l'imagination des peuples, il serait si affaibli, son action serait si lente, qu'il deviendrait très-facile aux amis de l'ordre d'en neutraliser l'effet.

Les orateurs séditieux ne sont véritablement dangereux que dans les États extrêmes : sous le despotisme, où le peuple est trop gêné, et dans la démocratie où il peut tout faire. Dans le premier cas, l'irritation portée au dernier période, dispose trop les esprits à recevoir les impressions d'une éloquence patriotique, qui bientôt emportée elle-même par le mouvement qu'elle a communiqué, mais qu'elle ne peut plus maîtriser, tombe avec la nation entière dans un gouffre de désordres plus affreux, s'il est possible, que le calme de la tyrannie. Dans le second cas, dans la démocratie, dis-je, parce que les passions s'y communiquent avec une grande rapidité, et que la complexion irascible de la multitude y met toujours la liberté à la discrétion du premier orateur ambitieux. Mais dans nos constitutions mixtes, rien de semblable n'est à redouter, puisque les orateurs s'y adressent toujours et exclusivement à une assemblée d'hommes éclairés, habitués à triompher des passions politiques et des prestiges de l'éloquence ; et garantie encore plus forte, intéressés au maintien de l'ordre, puisque les déclamations passionnées du parlement n'arrivent jamais à la nation que par la voie des journaux, qui portent toujours la réfutation avec le sophisme, l'antidote avec le poison. Enfin j'ajouterai que les soulèvemens politiques ne menacent que les gouvernemens oppresseurs; qu'il n'y a point d'éloquence capable de porter un peuple satisfait de son sort à renoncer au repos dont il jouit, pour se jeter au milieu des troubles qui détruiraient son bonheur présent, et compromettraient son avenir. Je le répète, les abus du talent de la parole ne sont point dangereux dans nos constitutions modernes; les gouvernemens représentatifs sont la véritable patrie de l'éloquence : c'est là qu'on peut lui ouvrir le plus vaste champ, parce qu'elle ne peut jamais être hostile ni funeste, parce que ses orages mêmes sont bienfaisans, salutaires, et semblables en tout aux éclats de la foudre, qui épurent la masse des airs, et réveillent dans toute la nature les principes de la vie. Enfin, quel que soit le feu des combats de la tribune, on peut dire que ce feu, étant toujours tenu à distance de la multitude, et n'entrant jamais en contact immédiat avec cette masse combustible, s'anime toujours pour éclairer et jamais pour incendier.

Loin qu'il y ait le moindre danger pour le gouvernement à reconnaître les droits de la France moderne, c'est dans l'intérêt même de sa conservation que je le conjure, que je le presse de le faire, que je l'invite à les proclamer...... Croit-on, en effet, que la jeunesse française soit insensible à la gloire? ou, ce qui est la même chose, qu'elle soit indifférente sur ses droits les plus nobles? peut-on présumer qu'elle ne soit pas profondément humiliée par le parallèle que chaque jour elle peut établir entre sa situation politique et celle de la jeunesse d'un État voisin? pense-t-on qu'elle ne soit pas violemment choquée de la différence énorme qu'apporte entre deux nations un bras de mer? ne voit-on pas que la dépouiller de toute influence politique, c'est déclarer hautement que l'on est convaincu de son incapacité ou de sa dépravation? ne sent-on pas que la supposer peu jalouse de ses droits politiques, c'est l'accuser de bassesse et de servilité? La France, dit-on, est tranquille, et tous les principes de troubles sont désormais éteints. Que le gouvernement se garde de s'endormir dans cette dangereuse confiance ! La nation repose en effet; mais tant que tous ses besoins ne seront pas satisfaits, elle sommeillera sur un volcan. L'article de la Charte, dont je demande la réforme; cette disposition qui n'est point l'ouvrage du monarque, mais bien de quelques hommes qui travaillaient sous lui; ce trait de plume qui dépouilla de leurs droits tant de milliers de citoyens, qui sont à la fois l'orgueil, la force et l'appui de la patrie, n'a excité jusqu'ici aucuns désordres, il est vrai; mais ceux qu'il humilie ont vivement ressenti cet outrage. Si leur résignation s'est soutenue jusqu'à ce jour, c'est parce qu'ils n'ont point cessé de nourrir l'espérance de voir enfin se lever pour eux le jour de la justice. Mais si, peu touché de leur généreuse soumission, le gouvernement, même dans les circonstances les plus heureuses, ne faisait rien pour eux; s'ils voyaient clairement que leur constance, leur modération, leur respect pour l'ordre n'est payé que par un oubli méprisant, comment ne pas craindre que la patience ne leur échappe?

Les amis du gouvernement ne doivent-ils pas frémir en voyant tant de mécontens se multiplier autour du trône? n'est-ce pas un aveuglement déplorable qui porte les ministres du roi à tenir sous le poids d'une loi si oppressive, à irriter, par un déni de justice si criant, la partie la plus forte de la nation? Quel levier ils mettent dans les mains des ennemis des Bourbons pour renverser leur trône! Les Bourbons sont généralement chéris, sans doute; mais ils ont des rivaux, et ces rivaux ont eu un parti en France. S'ils offraient de garantir tous les droits que la Charte conteste!... L'état de l'opinion ne m'est pas connu; quelquefois la fermentation est sourde.... Qui oserait dire ce qui en arriverait?

Un seul mouvement du ministère peut détourner de si grands malheurs; il ne s'agit que de faire régner les lois et d'adopter franchement toutes les conséquences de la Charte.

Il faut asseoir la liberté sur des fondemens inébranlables ; en d'autres termes, il faut porter dans le parlement tous les principes de vie qui résident exclusivement dans la jeunesse. On pourra négliger cet avis; mais, je le déclare avec une pleine conviction, si le parlement est maintenu tel qu'il est, si l'on se refuse à donner à la représentation une base plus large, à lui rendre enfin ses véritables élémens, la liberté, comme le colosse d'or aux pieds d'argile, ne tardera point à s'évanouir, et la Charte n'aura été qu'un songe.

Quelque grande, quelque pressante que soit à mes yeux la nécessité de donner une consistance plus forte au parlement, cet appui naturel, ce véritable soutien de la liberté, je ne demande pas que l'on bannisse entièrement la vieillesse du sein de la représentation nationale ; qu'ils continuent d'y siéger pour en faire l'ornement et la gloire, ces dignes vétérans du patriotisme et de l'éloquence ; qu'ils y portent leur sagesse ; qu'ils ne cessent point d'y verser les trésors de leur expérience ; qu'ils en soient enfin la lumière ; mais que les jeunes gens en soient le nerf.

Le vœu que j'émets ici eût été légitime dans tous les temps ; mais aujourd'hui j'ose dire qu'il n'admet point d'opposition : dans tous les temps le repousser n'eût été peut-être qu'une grande injustice ; mais aujourd'hui le rejeter serait compromettre les destinées de l'État. Qui ne voit en effet qu'il ouvre le seul port où la France puisse reposer en sécurité ? La nécessité d'une grande mesure est universellement sentie, et les périls imminens qui environnent la liberté frappent tous les yeux. Eh quoi ! ceux mêmes qui, par leur position sociale, sont les protecteurs nés de la constitution, ont conjuré sa ruine ; au sein même et presque dans le palais du gouvernement, une vaste conspiration a été organisée contre la liberté ; un pouvoir mystérieux domine la nation et paralyse tous les ressorts du patriotisme ; le ministère lui-même semble sans force et tremblant sous la main de cette puissance invisible ; des légions de mercenaires sapent de toutes parts les appuis de nos libertés ;

l'opinion surprise est arrêtée dans ses canaux obstrués par l'or qu'on y verse; les journaux sont vendus, la presse enchaînée, la librairie asservie; Paris a son index comme Rome et Madrid; tant de vérités alarmantes ont été hautement confirmées par les débats du parlement lui-même; enfin, la nation troublée, inquiète, enveloppée de ténèbres hostiles, s'attend à se voir frappée dans ses droits les plus chers. Et l'on douterait encore que la France soit en danger! La nation, dit-on, n'est pas encore assez mûre pour être émancipée, n'est pas encore digne de jouir de la plénitude de sa liberté; mais ceux qui portent sur la nation un jugement si plein de mépris, ne seraient-ils pas les mêmes qui tous les jours font les derniers efforts pour la corrompre? S'ils étaient bien convaincus de ce qu'ils avancent, ces délateurs de leur patrie, ces calomniateurs de la France; s'ils ne croyaient pas au contraire que la nation est pleine de sagesse et de virilité, tendraient-ils, par toutes les voies, à la replonger dans l'enfance? ou feraient-ils jouer tant de rouages infâmes pour la précipiter dans les faiblesses de la décrépitude? Si la nation, en un mot, était telle qu'ils la représentent, auraient-ils cru nécessaire d'établir au cœur de l'État une agence générale de corruption, d'où l'immoralité et les doctrines de l'esclavage se répandent avec activité dans toutes les parties du royaume?

Au lieu de s'ériger en juges de l'esprit public, qu'ils répondent plutôt à ceux, qui se croient en droit de les juger! qu'ils répondent, dis-je, ces apôtres de la bassesse, ces zélateurs de la servilité, ces suppôts de la tyrannie! qu'ils nous disent, quel est le but avoué de tant de complots abjects, de tant de conciliabules ténébreux, de tant d'obscures intrigues, de tant de trames ignobles! qu'ils nous apprennent quel est le résultat possible de cette activité souterraine, dont les ravages se trahissent chaque jour par la défaite de quelque probité, par la chute de quelque réputation, par le déshonneur de quelque famille? Pensent-ils servir l'autorité royale en corrompant les appuis du trône? Se sont-ils abusés, au point de croire qu'un roi magnanime puisse applaudir à tant de sales manœuvres, se plaise à voir la France ensevelie sous les fanges de la corruption, et veuille enfin régner dans la boue?

Que l'on y pense bien, avant de combler la mesure des outrages, que l'on prodigue à la France! le peuple abandonne difficilement les travaux auxquels il s'est voué; mais une fois qu'il s'est jeté au milieu des troubles, mais une fois qu'il a goûté de la licence, il revient très-difficilement aux habitudes d'ordre et de travail. Il y a dans les peuples un flux et reflux de passions, qui les portent alternativement au repos et à l'activité; malheur à celui qui bâtit sur le terrain, que dans ce mouvement les ondes ont abandonné! Le moment du retour sera celui de sa perte. Le dernier Stuart eut cette imprudence; puisse l'exemple de Jacques II profiter aux Bourbons!

Peut-être l'esprit public, en France, est-il plus près qu'on ne pense d'un de ces grands retours. Il faut bien peu de chose, pour enflammer des ressentimens déjà trop aigris. Un acte arbitraire, une injustice de plus, les larmes d'un malheureux, les cris d'une victime de la tyrannie, peuvent soudain allumer le feu de la révolte. Que n'aurait-on pas à craindre si la nation se réveillait ainsi tout-à-coup? On la verrait briser avec rage le joug avilissant, sous lequel on l'a courbée, et bientôt à la vue de sa honte, sa fureur portée à son comble ne méditerait plus que des vengeances.

Des hommes, dit-on, placés au faîte de la hiérarchie sociale, dont l'œil embrasse toutes les parties du royaume, et dont la main est le centre de tous les fils de l'administration, connaissent mieux que personne l'état des choses, et affirment que la nation ne veut point de la liberté. Quoi donc! S'ils ont intérêt à déguiser la vérité, si leurs yeux sont fascinés par l'orgueil, s'ils sont entourés d'une fumée de passions qui les aveugle, s'ils ont fait main basse sur tout ce qui peut servir à l'émission de la pensée, s'ils ont ôté à l'opinion tout moyen de se manifester, s'il entre dans leur système d'étouffer toute idée généreuse ou tout mouvement patriotique, que nous font les prétendus avantages de leur position? Connaissent-ils la France, ces hommes qu'un tourbillon d'ambition, de succès et d'intérêts, a portés au pouvoir, sans leur laisser le temps de se reconnaître eux-mêmes? Connaissent-ils la France, ces hommes qui, du haut de leur orgueil, laissent tomber sur elle un regard dédaigneux, et se croient assurés qu'elle aura la lâcheté de tendre les mains aux fers qu'ils lui présentent? Connaissent-ils la France, ces hommes qui croient voir, dans le succès éphémère de quelques essais de corruption et de fourberie, la preuve irréfragable de son ineptie, de sa faiblesse et de son inaptitude à la liberté? Connaissent-ils la France, enfin, ces hommes qui pensent la gouverner avec les maximes infâmes des Williams Pitt et des Walpole, qui, comme eux, se flattent d'avoir bientôt le tarif des consciences parlementaires, et dont l'étrange présomption va jusqu'à prétendre courber les vainqueurs de l'Europe sous le joug flétrissant de leurs jongleries politiques?

Heureux nos ministres, s'ils avaient vu qu'il est quelque chose de plus grand, de plus digne de génie, que de corrompre et d'abâtardir les peuples! Ils voudraient se persuader que tout patriotisme est éteint en France. Attendront-ils pour se désabuser, qu'éveillée par des vexations sans nombre, la fureur publique leur ait donné une preuve éclatante du contraire? Mais dans quel gouffre de maux, alors, n'auraient-ils pas précipité l'État? dans quel danger n'auraient-ils pas mis le trône? Quel cœur français ne se refuserait à décrire des scènes, qu'il n'est que trop facile à l'imagination de se retracer? Sommes-nous donc condamnés à voir des conseillers aveugles sacrifier à l'intérêt du moment, à des passions misérables, le sort de la monarchie, et rouvrir les abîmes qu'avait fermés la main prudente du monarque? Persisteront-ils à voir, dans les peuples, une matière morte, abandonnée à leurs caprices? Ne se déferont-ils point de cette fantaisie dangereuse autant qu'absurde? Si ceux qui sont appelés à gouverner la France ne veulent pas la perdre (et je le dis sans acception de temps ni de personnes), qu'ils renoncent pour jamais à imprimer le sceau de l'infamie, le sceau de la servitude, sur des fronts qui rayonnent de gloire, sur des fronts que tant de victoires ont couverts de lauriers.

Que l'on mette bas enfin toute illusion et toute vanité! La nation sait ce qu'elle veut, elle connaît ses besoins, ses intérêts et ses droits. Ce n'est pas dans des bureaux organisés par une puissance ennemie, dans des journaux salariés et voués à la propagation des doctrines serviles, et bien moins encore dans les ateliers de l'agence générale de corruption, qu'elle ira chercher des renseignemens pour parvenir à se connaître. La France veut un parlement fort, parce qu'elle sait qu'une représentation imparfaite n'est qu'un instrument de plus pour le despotisme; elle veut un parlement fort parce qu'elle sait que c'est le seul rempart qui puisse la mettre à couvert des insultes des ministres et des outrages que se plaît à lui prodiguer un orgueil dépravé; elle veut un parlement fort, parce qu'elle sait que c'est le seul asile où le feu de la liberté, où l'honneur national puisse être conservé entier, pur et intact; elle veut un parlement fort enfin, parce qu'elle sait que la plus dangereuse de toutes les tyrannies est celle qui se couvre du manteau de la liberté; qui, si elle trompe, triple sa force par la confiance qu'elle inspire, et qui, si elle ne trompe point, fait, par le scandale de son hypocrisie, pénétrer la gangrène de l'immoralité jusque dans les dernières fibres de la société. Que ne peut-elle se faire entendre ici elle-même, cette France si digne de la liberté qu'on cherche à lui ravir, et qui a si peu mérité les calomnies dont on voudrait la noircir! Que n'a-t-elle un organe digne d'elle, qui puisse porter jusqu'aux pieds du trône l'expression de ses nobles sentimens et de sa trop juste indignation! Que ne peut-elle dire à toute l'Europe, au monde entier, qu'elle repousse avec horreur les chaînes avilissantes qu'on a eu l'insolent espoir de lui faire accepter! Ah! si ses milliers de voix pouvaient ici se confondre en une seule, elle dirait aux hommes des générations nouvelles: Le monde a été témoin de vos innombrables victoires; l'Égypte domptée, l'Espagne asservie, l'Italie subjuguée, la vaste Germanie refoulée jusqu'au fond des déserts de la Scythie; enfin la Hollande abattue, le Nord atteré et l'Angleterre chancelante au milieu de l'Océan, ont appris à l'univers muet quelle était cette force de la France, qui repose toute en vous. Un dernier ennemi vous reste encore à vaincre, un dernier triomphe à obtenir. Domptez cette noble soif d'indépendance qui vous dévore! enchaînez encore, pour quelques instans, le feu qui circule dans vos veines! immolez, s'il le faut, votre indignation, vos outrages, vos ressentimens sur l'autel de la patrie! sacrifiez vos justes désirs, votre noble ardeur, votre généreux orgueil à l'ordre, à la tranquillité, au bonheur de votre pays! confondez vos détracteurs par le calme et par la dignité de votre attitude! et montrez par votre patience et par votre modération combien vous êtes dignes des droits que l'on ose vous contester!

Elle dirait enfin au prince qui a porté sur le trône l'ame de Fénélon : Tant qu'il existera dans mon sein un esprit juste, un cœur sensible, un vrai citoyen, rien ne pourra éteindre en moi le souvenir des biens que la nation doit à votre bonté paternelle. Mais, Sire, vous êtes homme, et pour que l'on ne pût se tromper sur votre origine mortelle, la nature a voulu marquer, par quelques erreurs, la Charte que vous avez donnée à vos peuples. Cependant si des lois immuables s'opposent à ce que rien de parfait sorte d'une main périssable, ces mêmes lois semblent permettre que l'ouvrage d'un seul soit conduit à sa perfection par le concours universel et le mouvement général des lumières. Vous avez, Sire, accoutumé la nation à penser qu'il n'y avait rien de juste, qu'elle ne pût attendre de votre sollicitude. Quelles que soient des intentions que son respect ne veut point pénétrer, qu'elle se ferait un crime de devancer, elle ne cessera point d'espérer tant que vous occuperez un trône dont vous faites la gloire. Connaissez, Sire, un peuple qui vous idolâtre; connaissez surtout une jeunesse qui vous est toute dévouée; elle veut la liberté, elle la veut d'une volonté forte; mais, pour elle, le comble de la félicité politique serait de vivre libre à l'ombre de la dynastie d'Henri IV.

NOTES ESSENTIELLES

Sur l'usage des passions dans le mécanisme Social.

Oui, pour nous élever aux grandes actions,
Dieu nous a, par bonté, donné les passions.

(Voltaire, *Disc. sur l'homme.*)

De tous les motifs propres à toucher une ame honnête, il n'y en a point de plus puissant que l'honneur et l'infamie.... Si donc vous pouvez inspirer aux jeunes gens l'*amour de la réputation*, dès-lors vous avez mis dans leur ame un principe qui les portera continuellement au bien.

(Locke. *Éducation.*)

Une noble ambition est un sentiment utile à la société. Comme le monde physique ne subsiste que parce que chaque partie tend à s'éloigner du centre, aussi le monde politique se soutient-il par le désir intérieur et inquiet que chacun a de sortir du lieu où il est placé. C'est en vain qu'une morale austère veut effacer les traits que le plus grand des ouvriers a gravés dans nos ames : c'est à la morale qui veut travailler sur le cœur de l'homme à régler ses sentimens et non pas à les détruire. Nos auteurs moraux sont presque tous outrés : ils parlent à l'entendement et non pas à cette ame.

(MONTESQUIEU. *Pensées diverses.*)

Nam, nisi multorum præceptis, multisque litteris mihi ab adolescentiâ suasissem, nihil esse in vitâ magnopere expetendum, nisi laudem, atque honestatem;... sed pleni omnes sunt libri, plenæ sapientium voces, plena exemplorum vetustas....

(CICERO. *Or. p.*, *Arch.*)

Licet ipsa vitium sit ambitio, frequenter tamen causa virtutum est.

(QUINT. *I. C. I.*)

Etiam sapientibus cupido gloriæ novissima exuitur.

(TACITE. *Hist. liv. 4.*)

In hac vitâ etsi non funditùs eradicatur ex corde (cupiditas gloriæ), quià etiam benè proficientes animos tentare non cessat.

(D. AUGUST. *de Civ. dei. liv.* 5, *ch.* 14.)

Paulum sepultæ distat inertiæ
Celata virtus.

(HOR. *L.* 4, *ode* 9.)

L'ambition, qui est naturelle à l'esprit de l'homme, pourrait sans doute recevoir un heureux tour; et si elle était bien dirigée, contribuer autant à l'avantage d'un homme, qu'elle lui cause d'ordinaire de trouble et d'inquiétude.

(ADDISSON, *Spect.* 10, *dis.*)

Si nous examinons les hommes, et que nous tâchions de pénétrer dans les principes qui les font agir, il nous paraîtra fort probable que l'ambition est le ressort caché qui remue toute l'espèce, et que chaque individu en est plus ou moins animé, selon la vigueur de son tempérament.... Mais le désir que nous avons de *surpasser* les *autres*, n'est sans doute enraciné dans nos cœurs que pour nous *engager avec plus de force à la pratique de la vertu.*

(*Id.*, *id.* 13, *dis.*)

Il n'est point d'actions généreuses qui ne puissent éclore de la honte ou s'enter sur l'orgueil; et le même germe peut engendrer le vice ou produire la vertu, suivant la main qui le dirige.

(POPE, *An essay. on man.*, *ep.* 2.)

FIN DES NOTES.

www.ingramcontent.com/pod-product-compliance
Ingram Content Group UK Ltd.
Pitfield, Milton Keynes, MK11 3LW, UK
UKHW020321220726
13923UKWH00003B/1285